Klasse Schultüten

Viele Kinder warten mit großer Vorfreude und wachsender Ungeduld auf ihren ersten Schultag. Und damit Ihr kleiner Erstklässler gleich von Anfang an zum Star des Pausenhofs wird, habe ich in diesem Buch die schönsten Ideen für Schultüten zusammengestellt. Sie finden viele trendige Modelle wie einen kleinen Fußballer, einen fleißigen Bauarbeiter, einen edlen Froschkönig und vieles mehr.

Die gezeigten Modelle sind einfach und schnell nachzubasteln. Beim gemeinsamen Anfertigen vergeht die Zeit bis zum großen Tag wie im Nu und schon bald trägt Ihr Kind seine ganz persönliche Schultüte stolz durch die Stadt.

Einen schönen ersten Schultag
wünscht

Ihre

IHRE GRUND-AUSSTATTUNG

Diese Materialien und Hilfsmittel werden bei fast allen Modellen benötigt. Sie sollten sie zur Hand haben, denn sie werden in den Materiallisten nicht mehr einzeln aufgeführt.

- festes Transparentpapier (für Schablonen)
- weicher Bleistift, Radiergummi
- UHU Alleskleber (Motive zusammenkleben), Klebestift
- UHU fix & fest (Motive auf Schultüte befestigen), Heißkleber
- doppelseitiges Klebeband
- wasserfester Filzstift in Schwarz
- Buntstift in Rot
- Lackmalstift in Weiß (für Lichtpunkte)
- kleine und mittelgroße Schere
- Nagelschere
- Lineal
- Cutter mit geeigneter Schneideunterlage

Hinweis: Mit „Rest" ist immer ein Stück gemeint, das maximal A5 groß ist.

Materialkunde

Runde Rohlinge in verschiedenen Farben (70 cm hoch)
Diese Tüten sind sehr stabil. Ist die gewünschte Farbe nicht erhältlich, die Tüte mit farbigem Tonpapier ummanteln und mit doppelseitigem Klebeband oder Heißkleber schließen.

Sechseckige Zuschnitte aus 3D-Wellpappe (68 cm hoch)
Diese Rohlinge haben vorgeprägte Falzlinien, so geht das Falten schnell und einfach. Die Kartonlaschen in die vorgeschnittenen Schlitze einschieben und evtl. festkleben.

Sechseckige Rohlinge mit Plastikspitze (83 cm hoch)
Auch diese Rohlinge haben vorgeprägte Falzlinien und Kartonlaschen zum Einschieben. Durch die eingearbeitete Plastikspitze sind sie besonders stabil.

Tütenzuschnitte aus Fotokarton in verschiedenen Farben (68 cm hoch)
Die Rohlinge werden zusammengerollt und mit doppelseitigem Klebeband oder Heißkleber zusammengeklebt.

Tipp: Tütenspitzen und runde Tütenzuschnitte vor dem Aufrollen mehrmals über eine Tischkante ziehen, damit sie sich leichter formen lassen und keine hässlichen Knickstellen entstehen.

So wird's gemacht

Anbringen der Krepppapier-Manschette

1 Die Schultüten werden mit Krepppapier verschlossen. Pro Tüte braucht man eine ganze Rolle, bei doppelten Manschetten zwei Rollen. Krepppapier ist normalerweise 50 cm breit, der Rest wird vom eingerollten Papier abgeschnitten.

2 Das Papier am Rand etwas raffen, so dass es zum Schluss der Größe der Tütenöffnung entspricht und von innen an den Tütenrand kleben. Dafür den inneren Tütenrand schrittweise mit Heißkleber bestreichen, Krepppapier einlegen und andrücken. Bei doppelten Manschetten die Krepppapiere aufeinanderlegen, am unteren Rand zusammenkleben und dann wie beschrieben an der Tüte anbringen. In das Krepppapier evtl. vor dem Einkleben große Zacken einschneiden. Zum Zubinden bunte Bänder oder Kordeln verwenden.

Figuren anfertigen

1 Die einzelnen Motivteile ohne Überschneidungen mit Bleistift auf Transparentpapier übertragen und zuschneiden. Diese Schablonen auf den farblich passenden Karton legen, mit Bleistift umranden und ausschneiden. Zum Schneiden von runden Formen eignet sich eine Nagelschere, gerade Schnitte gelingen mit einem Cuttermesser auf einer Schneideunterlage. Kinder sollten aber nicht unbeaufsichtigt damit arbeiten.

2 Die Gesichter mit Filz- und Buntstiften aufmalen, Konturen und Wangen mit Buntstiftabrieb hervorheben. Dazu mit dem Spitzer etwas Farbe von der Stiftspitze abschaben und mit dem Zeigefinger verreiben. Lichtpunkte mit weißem Lackstift setzen.

3 Mithilfe des Vorlagenbogens die Einzelteile positionieren und zusammenkleben. Fertige Figuren und Köpfe mit Heißkleber oder UHU fix & fest auf die Tüte kleben.

Kleiner Pirat

→ bewacht seinen Schatz

MATERIAL
- sechseckiger Schultütenrohling in Dunkelblau, 83 cm hoch
- Fotokartonreste in Beige, Orange, Rot-Weiß gestreift, Schwarz, Weiß, Braun, Hautfarbe, Rot, Grau, Hellgrün, Blau, Silber und Gold
- Fotokarton in Gelb, A3
- Tonpapier in Beige, A3
- 5 Strasssteine in Klar, ø 3 mm
- 4 Halbperlen in Weiß, ø 3 mm
- Halbperle in Weiß, ø 5 mm
- Kordel in Natur, ø 2 mm, 20 cm lang
- Krepppapier in Rot, 75 cm x 25 cm
- Krepppapier in Rot-Weiß gestreift, 75 cm x 33 cm
- Chiffonschleife in Blau, 2 cm breit, 80 cm lang
- Kordel in Gelb, 5 mm breit, 80 cm lang
- Buntstifte in Blau und Braun

VORLAGENBOGEN
1 A + 1 B

1 Die Einzelteile vom Vorlagenbogen auf den Fotokarton übertragen und ausschneiden.

2 Die Streifen auf dem Pullover des Piraten mit blauem Buntstift, die Linien auf dem Schiffsrumpf mit Filzstift in Schwarz aufmalen. Für die Schattierungen braune Buntstiftspäne auf das Schiff und auf das Schild der Schatztruhe reiben. Die einzelnen Motivteile mithilfe des Vorlagenbogens positionieren und zusammenkleben.

3 Gesichter von Pirat und Papagei aufmalen, Wangen mit Buntstiftspänen röten. Augen und Nase auf die Totenköpfe malen. Einen Strassstein als eines der beiden Augen auf den Totenkopf für die Fahne kleben. Dem Seestern ebenfalls ein Gesicht aufmalen.

4 Die Punkte auf dem Tuch des Totenkopfs mit weißem Lackmalstift auftupfen. Die Schatztruhe bemalen und zusätzlich Perlen und Strasssteine aufkleben.

5 Die untere Spitze der Schultüte aus beigefarbenem Tonpapier um die Schultüte kleben. Die Krepppapiere aufeinanderlegen, am unteren Ende zusammenkleben und anschließend in die Schultüte kleben. Die Tüte mit der Chiffonschleife und der gelben Kordel schließen.

6 Den Piraten mit seinem Schiff auf die Schultüte kleben. Die Schatztruhe und den Seestern gemäß Abbildung weiter unten ankleben. Ein Kordelende von hinten an die Hand des Piraten kleben, das andere Ende von hinten an die Schatztruhe kleben. Die Kordel zusätzlich am Schiffsrumpf mit etwas Klebstoff fixieren.

Bunte Dinos

→ gehen zum Schulanfang

MATERIAL

- sechseckiger Schultütenrohling in Gelb, 83 cm hoch
- Fotokarton in Hellgrün und Lila, A4
- Fotokartonreste in Olivgrün, Grau, Dunkelblau, Orange und Regenbogenfarben
- Tonpapier in Mittelgrün, A3
- Tonpapierrest in Orange
- Krepppapier in Flieder, 75 cm x 25 cm
- Krepppapier in Orange, 75 cm x 32 cm
- Krepppapier in Hellgrün, 27 cm x 13 cm
- Krepppapier in Mittelgrün, 27 cm x 10 cm
- Chiffonband in Hellgrün, 2 cm breit, 80 cm lang
- Kordel in Silber, ø 5 mm, 80 cm lang

VORLAGENBOGEN 1B

1 Alle Teile vom Vorlagenbogen auf Fotokarton übertragen und ausschneiden. Die Tütenspitze auf Tonpapier übertragen und ausschneiden. Diese Spitze um die Schultüte kleben.

2 Die Pflanzen- und Dinosaurierteile mithilfe des Vorlagenbogens positionieren und zusammenkleben.
Den Dinos mit einem feinen Filzstift in Schwarz Gesichter aufmalen. Mit weißem Lackmalstift Lichtpunkte in die Augen malen und die Wangen mit rotem Buntstift röten.

3 Die beiden Krepppapiere in Grün am oberen Rand gemäß Vorlagenbogen zuschneiden, am unteren Rand zusammenkleben und über der Spitze mit Alleskleber befestigen, so dass das hellere Papier unten ist. Aus dem Tonpapier in Orange den Abschlussstreifen zuschneiden und diesen so um die Schultüte kleben, dass die Klebestellen des Krepppapiers verdeckt sind. Nun das hellgrüne Krepppapier etwas nach oben zupfen.

4 Das fliederfarbene Krepppapier ebenfalls laut Vorlagenbogen zackenförmig zuschneiden, auf das Krepppapier in Orange legen und beide Papiere am unteren Rand zusammenkleben. Die Krepppapiere in die Schultüte kleben und mit dem Chiffonband und der Kordel zubinden.

5 Zuletzt die Dinos und Pflanzen auf die Schultüte kleben.

Zauberer mit Eule

→ es ist Magie

MATERIAL

- sechseckiger Schultütenrohling in Rot, 83 cm hoch
- Fotokartonreste in Weiß, Grau, Grün, Silber, Braun, Hautfarbe und Schwarz
- Fotokarton in Gelb und Blau, A4
- Tonpapierrest in Schwarz
- Tonpapier in Blau, A3
- Krepppapierstreifen in Silber, 5 cm breit, 40 m lang
- Krepppapier in Gelb, 75 cm x 25 cm
- Krepppapier in Rot, 75 cm x 33 cm
- Schleifenband in Blau, 3,5 cm breit, 80 cm lang
- Kordel in Silber, ø 2 mm, 80 cm lang
- Motivlocher: Spirale, ø 2,5 cm
- Motivlocher: Stern, ø 1 cm
- Funliner in Gelb
- Silberglitter

VORLAGENBOGEN 1B

1 Die Schultütenspitze und den Abschlussstreifen auf Tonpapier übertragen und ausschneiden. Die Schultüte mit der blauen Spitze umkleben. Den silbernen Streifen aus Krepppapier gerafft darüberkleben. Den schwarzen Abschlussstreifen auf den Übergang kleben, um ihn so zu verdecken.

2 Die Motivteile auf Fotokarton übertragen und ausschneiden. Die Einzelteile mithilfe des Vorlagenbogens positionieren und zusammenkleben. Die Gesichter aufmalen und die Wangen mit Buntstiftspänen röten.

3 Die Verzierungen auf dem Mantel des Zauberers mit Funliner in Gelb aufmalen und trocknen lassen. Auf die Spitze des Zauberstabes und um den Stab herum mit etwas Alleskleber Silberglitter anbringen. Den Mantel mit fünf ausgestanzten Sternen verzieren. Den Zauberer mit Eule auf die Schultüte kleben. Acht Spiralen und 40 Sterne ausstanzen und die Tüte gemäß Abbildung damit verzieren.

4 Das gelbe auf das rote Krepppapier legen, am unteren Rand zusammenkleben und zusammen in die Tüte kleben. Die Tüte mit dem Schleifenband und der Silberkordel verschließen.

Rasante Rennfahrer

→ schnell, schneller, am schnellsten

MATERIAL

- sechseckiger Schultütenrohling aus 3D-Wellpappe in Rot, 68 cm hoch
- Tonpapier in Creme, A2
- Fotokartonreste in Braun, Hellgrün, Schwarz, Hautfarbe, Blau, Gelb, Grau, Rot und Weiß
- Krepppapier in Blau, 75 cm x 12 cm
- Krepppapier in Gelb, 75 cm x 30 cm
- Chiffonband in Hellgrün, 2 cm breit, 80 cm lang
- Kordel in Blau, 1 cm breit, 80 cm lang

VORLAGENBOGEN 2B

1 Die Straße laut Vorlagenbogen aus dem Tonpapier in Creme ausschneiden und auf der Schultüte anbringen. Die übrigen Einzelteile auf Fotokarton übertragen und ausschneiden. Die schwarzen Mittelstreifen auf die Straße kleben. Nun erst die Klebelaschen mit Klebstoff bestreichen, die Schultüte zusammenkleben und den Verschluss einklemmen.

2 Die Straßenschilder zusammensetzen und auf der Schultüte verteilt anbringen.

3 Den Rennfahrern Gesichter aufmalen. Die Helme auf die Köpfe kleben. Darauf die zusammengeklebten Rennbrillen anbringen. Den Autos die Windschutzscheiben und die Augen aufkleben. Die Räder, Lichter und Kotflügel ergänzen. Mit schwarzem Filzstift die Radnaben aufzeichnen. Die Fahrer in die Autos setzen und mit der Autoinnenseite hinterkleben. Nun die Rennfahrer auf der Straße positionieren und mit Klebstoff fixieren.

4 Das blaue Krepppapier an einem Ende laut Vorlagenbogen zackenförmig einschneiden und mit dem unteren Rand auf das gelbe Krepppapier kleben. Beide Krepppapiere in die Schultüte kleben. Nur das gelbe Krepppapier mit dem Schleifenband und der Kordel verschließen.

Wikinger Björn

→ nordischer Kämpfer

MATERIAL

- Schultütenrohling in Weiß oder Beige, 70 cm hoch
- Tonpapier in Olivgrün, A2
- Tonpapier in Orange, A3
- Tonpapier in Beige, A4
- Fotokarton in Silber, Braun, Hautfarbe, Rot und Olivgrün, A4
- Fotokartonreste in Weiß, Orange, Beige und Blau
- Krepppapier in Silber, 60 cm x 28 cm
- Krepppapier in Orange, 60 cm x 36 cm
- Kordel in Orange-Braun, 2 mm breit, 80 cm lang
- Satinband in Orange, 2,5 cm breit, 80 cm lang

VORLAGENBOGEN 2A

1 Den Schultütenrohling gemäß Vorlage mit Tonpapier in Olivgrün, die Spitze mit Tonpapier in Orange umkleben. Den Gürtel aus Tonpapier ausschneiden und über die Ansätze des Tonpapiers kleben. Die restlichen Motivteile auf den entsprechenden Fotokarton übertragen und ausschneiden. Die Gürtelschnalle auf den Gürtel kleben.

2 Die Augen, die Ohren und den Mund mit Filzstift in Schwarz auf die entsprechenden Gesichtsteile zeichnen. Mit weißem Lackmalstift die Lichtpunkte in die Augen malen. Die Wangen und die Nase mit Buntstift röten.

3 Die beiden Haarteile von hinten, den Bart und den Zahn von vorne an den Kopf kleben. Die Nase ergänzen. Den Helm gemäß Abbildung zusammensetzen und ebenfalls auf den Kopf kleben. Die Streifen in Orange auf die Arme kleben und die Hände von hinten an den Armen anbringen. Das Schwert zusammenkleben.

4 Zunächst die Arme auf die Schultüte kleben. Den Kopf leicht schräg anbringen. Das Schwert so ergänzen, dass der Wikinger es in den Händen hält.

5 Das Krepppapier in Silber am unteren Rand auf das Krepppapier in Orange kleben und zusammen an der Schultüte anbringen. Die Schultüte mit der Kordel und dem Band schließen.

Griselda, die Hexe

→ mit fliegendem Besen

MATERIAL

- sechseckiger Schultütenrohling in Dunkelblau mit blauem Tüll, 83 cm hoch
- Fotokartonreste in Schwarz, Lila, Rot, Hautfarbe, Hellgrün, Beige, Braun und Orange
- Fotokarton in Gelb, A4
- Krepppapier in Rot, 75 cm x 30 cm
- Schleifenband in Hellgrün, 2,5 cm breit, 80 cm lang
- Kordel in Rot, ø 5 mm, 80 cm lang
- 10er-Minilichterkette mit Batteriefach

VORLAGENBOGEN 3A

1 Alle Teile auf den entsprechenden Fotokarton übertragen und ausschneiden.

2 Das Gesicht mit Filzstift in Schwarz aufmalen. Mit weißem Lackmalstift den Lichtpunkt in das Auge setzen, mit Buntstift die Wange und die Nase röten. Das Haar auf den Kopf kleben. Darauf das Haargummi, die beiden Hutteile und den Flicken in Lila kleben. Mit weißem Lackmalstift die Nähte am Flicken ergänzen.

3 Die Hände hinter die Ärmel kleben. Die beiden Teile für das Oberteil ebenfalls zusammenkleben. Dahinter das Rockteil anbringen. Die Herzen in Lila auf den Rock kleben. Die Streifen in Orange und die Stiefel auf die Beine kleben. Den Besen zusammensetzen. Nun den Besen und die Beine von hinten an den Rock kleben. Den Kopf, den Körper und den linken Arm der Hexe mit dem Kragenteil miteinander verbinden.

4 Die Sterne und die Hexe auf die Schultüte kleben.

5 Um die Lichterkette anzubringen, verschiedene aufgeklebte Sterne sowie die Schultüte mit dem Cutter durchstechen und die Lämpchen von der Innenseite der Schultüte einsetzen. Darauf achten, dass die Sterne so gewählt werden, dass das Kabel zwischen den Lämpchen ausreichend ist. Das Batteriefach in die Schultüte legen.

6 Das Krepppapier gemäß Vorlage zackenförmig einschneiden, in die Schultüte kleben und mit der Kordel und dem Schleifenband zubinden.

Ritter Richard

→ Held in Silberrüstung

MATERIAL

- sechseckiger Schultütenrohling in Rot, 83 cm hoch
- Fotokarton in Beige und Grün, A4
- Fotokartonreste in Gelb, Blau, Rot, Silber, Braun und Hautfarbe
- Lochkarton in Silber, A4
- 2 Federn in Blau, 7 cm lang
- Krepppapier in Blau, 75 cm x 30 cm
- Kordel in Silber, ø 3 mm, 80 cm lang
- Satinband in Blau, 4 cm breit, 80 cm lang

VORLAGENBOGEN 1A

1 Alle Teile vom Vorlagenbogen auf den entsprechenden Fotokarton übertragen und ausschneiden. Einen Teil der Ritterrüstung (siehe Abbildung) und die Burgzinnen aus dem Lochkarton fertigen.

2 Die Gesichter von Pferd und Ritter mit schwarzem Filzstift und weißem Lackmalstift aufmalen. Die Wangen mit Buntstiftspänen röten.

3 Die einzelnen Motivteile mithilfe des Vorlagenbogens positionieren und zusammenkleben. Die Federn von hinten am Ritterhelm befestigen. Den zusammengeklebten Ritter mit Pferd auf die Schultüte kleben. Die drei Trompeten auf jede zweite Fläche der Schultüte kleben. Die Burgzinnen von innen an den Schultütenrand kleben. Dabei auf jede zweite Kante zwei Burgzinnen kleben. Auf die anderen Kanten kommt jeweils nur eine Zinne.

4 Das Krepppapier anbringen und mit der Schleife und der Kordel zubinden.

Froschkönig

→ mit Goldkugel

MATERIAL

- Schultütenrohling in Dunkelblau, 68 cm hoch
- Fotokarton in Hellgrün, A2
- Fotokarton in Weiß, A4
- Fotokartonreste in Schwarz, Gelb, Rot, Blau und Gold
- Tonpapier in Hellgrün, A3
- Krepppapier in Rot, 60 cm x 33 cm
- Krepppapier in Gelb, 60 cm x 29 cm
- Schleifenband in Hellgrün-Gelb, 1 cm breit, 80 cm lang
- Kordel in Gold, 3 mm breit, 80 cm lang
- Goldglitter
- Glitterkleber
- Motivlocher: Herz, 1 cm hoch
- Motivschere: Zackenrand

VORLAGENBOGEN 3B

1 Den Körper des Frosches gemäß Vorlage aus hellgrünem Tonpapier zuschneiden und 24 cm von der unteren Spitze der Schultüte entfernt um die Schultüte kleben. Die restlichen Motivteile auf Fotokarton übertragen und ausschneiden.

2 Die Nasenlöcher und den Mund mit Filzstiften in Schwarz auf den Kopf malen. Die Wangen mit Buntstift röten. Die Krone auf den Kopf kleben. Die Augen zusammenkleben und ebenfalls am Kopf befestigen. Den roten auf den weißen Kragen kleben und die beiden Blumenteile ergänzen. Den zusammengesetzten Kragen auf den Hals des Frosches kleben.

3 Den Kopf mit Kragen, die goldene Kugel und die Hände gemäß Abbildung aufkleben. Die Finger- und Fußnägel des Frosches mit Glitterkleber aufmalen und mit dem Goldglitter bestreuen. Gut trocknen lassen. Die Beine bis zur Knicklinie auf dem Vorlagenbogen einschneiden, umknicken und von beiden Seiten an der Schultüte befestigen.

4 Das rote Krepppapier entlang der Oberkante mit der Zackenschere einschneiden und zusammen mit dem gelben Krepppapier in die Schultüte kleben. Das rote Papier zusätzlich mit ausgestanzten goldenen Herzen verzieren. Zum Schluss die Schultüte mit den Bändern verschließen.

Auf der Baustelle

→ fleißiger Bauarbeiter

MATERIAL

- sechseckiger Schultütenrohling aus 3D-Wellpappe in Orange, 68 cm hoch
- Fotokartonreste in Silber, Orange, Braun, Gelb, Hautfarbe, Hellgrün, Rot, Blau und Schwarz
- Krepppapier in Blau, 75 cm x 20 cm
- Krepppapier in Grün, 75 cm x 30 cm
- Satinband in Orange, 2,5 cm breit, 80 cm lang
- Kordel in Silber, 3 mm breit, 80 cm lang
- Buntstift in Lila

VORLAGENBOGEN 4B

1 Die Schultüte zusammenkleben und den Verschluss einklemmen.

2 Für das Hemd des Bauarbeiters zunächst mit Buntstiften in Rot und Lila ein Karomuster auf den orangefarbenen Fotokarton malen. Danach alle Einzelteile auf den entsprechenden Fotokarton übertragen und ausschneiden.

3 Alle Teile mithilfe des Vorlagenbogens positionieren und zusammenkleben. Die Verzierungen auf Knöpfen und Taschen mit einem schwarzen Filzstift aufmalen. Das Gesicht ebenfalls mit einem Filzstift in Schwarz aufmalen. Mit einem Lackmalstift in Weiß kleine Lichtpunkte in die Augen tupfen. Die Wangen mit Buntstiftspänen röten.

4 Den Baumeister, die Werkzeuge und die Steine gemäß Abbildung auf die Schultüte kleben.

5 Die Krepppapiere aufeinanderlegen, am unteren Rand zusammenkleben und an der Schultüte anbringen. Zum Schluss die Schultüte mit dem Satinband und der Kordel verschließen.

Piratin auf Beutezug

→ Herrin der See

MATERIAL

- Schultütenrohling in Rot, 68 cm hoch
- Tonpapier in Rot, A3
- Tonpapier in Weiß, A2
- Fotokarton in Schwarz, Hautfarbe, Blau, Gelb und Gold, A4
- Fotokartonreste in Rot und Weiß
- Krepppapier in Gelb, 65 cm x 25 cm
- Krepppapier in Blau, 65 cm x 33 cm (Verschluss) und 14 cm x 100 cm (Rock)
- Motivlocher: Kreis, ø 1 cm
- 2 Strasssteine in Rot, ø 7 mm
- 2 Strasssteine in Weiß, ø 3 mm
- 4 Strasssteine in Transparent, 1 cm x 1 cm
- 8 Strasssteine in Transparent, 7 mm x 7 mm
- Chiffonband in Rot, 3,5 cm breit, 80 cm lang
- Schleifenband in Rot-Gold, 1 cm breit, 80 cm lang

VORLAGENBOGEN 4A

1 Den Körper der Piratin laut Vorlagenbogen auf Tonpapier in Weiß übertragen und ausschneiden. Die Streifen aus rotem Tonpapier ausschneiden und auf den Körper kleben. Das Ganze 21 cm von der Spitze entfernt um die Schultüte kleben. Den Rock aus Krepppapier über den unteren Rand des Körpers gerafft aufkleben. Den goldenen Gürtel aus Fotokarton schneiden und am Rockbund befestigen.

2 Alle übrigen Teile auf den entsprechenden Fotokarton übertragen und ausschneiden. Das Gesicht sowie die Augenklappenlinie mit Filzstift in Schwarz aufmalen. Mit weißem Lackmalstift die Lichtpunkte in die Augen tupfen und die Nase sowie die Wangen mit Buntstift röten.

3 Die Augenklappe, das Haarteil, das zweiteilige Tuch und die ausgestanzten Punkte aufkleben. Den Kragen und den Totenkopf am Hals befestigen. Die weißen Ärmel mit den roten Streifen bekleben und von hinten am Kragen anbringen. Die Arme so an die Ärmel kleben, dass die Piratin die Krone in ihren Händen hält. Das Ganze an der Schultüte befestigen. Die Brosche und den Gürtel wie in der Abbildung zu sehen mit Strasssteinen verzieren.

4 Die Krepppapiere aufeinanderlegen, am unteren Rand zusammenkleben und an der Schultüte anbringen. Zum Schluss die Schultüte mit den Bändern verschließen.

Legionär Lucullus

→ marschiert zur Schule

1 Die Schultütenspitze auf das grüne Tonpapier übertragen und ausschneiden. Die Schultüte damit umkleben. Alle restlichen Teile für den Römer auf den farblich passenden Fotokarton übertragen und ausschneiden.

2 Das Schild des Römers zusammenkleben. Anschließend die auf dem Vorlagenbogen markierten Stellen mit dem Cutter durchstechen. Die Nieten durch die Öffnungen stecken und die Enden auf der Rückseite umbiegen. Die Helmteile zusammenfügen und auf den Kopf kleben. An der vorgegebenen Stelle ebenfalls eine Niete anbringen. Das Gesicht mit Filzstift in Schwarz aufmalen. Die Lichtpunkte in den Augen mit Lackmalstift in Weiß setzen und die Wangen mit Buntstift in Rot gestalten.

3 Die Einzelteile für den Römer mithilfe des Vorlagenbogens und der Abbildung positionieren und zusammenkleben. Den Schild aufkleben. Nun den Römer mit Alleskleber auf der Schultüte fixieren.

4 Für die Siegerkränze Blätter aus dem übrig gebliebenen Tonpapier in Grün ausstanzen und zu Ringen (ø ca. 4,5 cm) auf die Schultüte kleben.

5 Das blaue und das silberne Krepppapier anbringen und mit dem Band und der Kordel zubinden.

MATERIAL

- sechseckiger Schultütenrohling in Gelb, 83 cm hoch
- Tonpapier in Mittelgrün, A3
- Fotokarton in Blau, Silber, Hautfarbe, Rot, Gelb, Weiß und Braun, A4
- 11 Nieten in Silber, ø 7 mm
- Krepppapier in Blau, 75 cm x 25 cm
- Krepppapier in Silber, 75 cm x 31 cm
- Chiffonschleife in Rot, 3,5 cm breit, 80 cm lang
- Kordel in Silber, ø 5 mm, 80 cm lang
- Motivlocher: Blatt, 1,5 cm lang

VORLAGENBOGEN 1A+1B

Zauberfee

→ erfüllt Wünsche

MATERIAL

- Schultütenrohling mit Filzverschluss in Pink, 60 cm hoch
- Tonpapier in Rosa, A3
- Fotokarton in Hautfarbe, Rosa und Orange, A3
- Fotokarton in Gelb und Orange mit Glitzer, A4
- Fotokartonreste in Pink, Weiß mit Glitzer und Silber
- Krepppapier in Orange, 14 cm x 100 cm (Rock)
- 4 Krepppapierstreifen in Orange, 5 mm breit, 8 cm lang (Zauberstab)
- Tüll in Weiß, 65 cm x 14 cm (Rock) und 27 cm x 13 cm (Schleier)
- Motivlocher: Blume, ø 1,5 cm
- Glitzerstein in Flieder, ø 1 cm
- Holzperle in Weiß, ø 1 cm
- Satinband in Weiß, 8 mm breit, 2 x 15 cm lang
- Schleifenband in Orange mit Muster, 4 cm breit, 80 cm lang
- Schleifenband in Rosa, 5 mm breit, 80 cm lang

VORLAGENBOGEN 3B+4B

1 Den Körper der Fee vom Vorlagenbogen auf Tonpapier übertragen und ausschneiden. Cirka 30 cm von der unteren Spitze entfernt um die Schultüte kleben. Das Krepppapier in Orange zum Rock raffen und am Ansatz ankleben. Den Tüll für den Rock darüberkleben. Diesen mit ausgestanzten Blumen in Orange verzieren.

2 Den Gürtel und das Herz aus Glitzerkarton ausschneiden. Alle übrigen Teile aus herkömmlichem Fotokarton ausschneiden. Das Herz auf die Gürtelmitte kleben. Den Gürtel dann über dem Tüllrock anbringen.

3 Die Haare auf den Kopf kleben. Die Hutteile zusammenfügen und der Elfe auf den Kopf setzen. Das Gesicht aufmalen. Den Schleier von hinten an den Hut der Fee kleben und die Hutspitze mit der Perle verzieren. Den Kragen auf den Hals kleben und mit ausgestanzten Blumen verzieren. Das Schleifenband für die Haare an beiden Seiten etwas gerafft aufkleben und dann auf der Rückseite festkleben. Die Ärmel, Arme und Flügel von hinten anbringen. Den Zauberstab zusammenkleben und mit einem Strassstein und den Krepppapierstreifen verzieren. Nun das Ganze auf die Schultüte kleben. Dabei den Zauberstab zwischen Hand und Gürtelschnalle befestigen.

4 Die Tüte mit den Schleifenbändern in Orange und Rosa schließen.

Frecher Fußballer

→ kleiner Torwart

MATERIAL

- Schultütenrohling in Orange, 70 cm hoch
- Tonpapier in Schwarz, A3
- Fotokarton in Weiß, A4
- Fotokartonreste in Schwarz, Orange, Braun, Beige und Hautfarbe
- Krepppapier in Orange, 60 cm x 15 cm
- Krepppapier in Schwarz, 60 cm x 33 cm
- Schleifenband in Orange-Weiß kariert, 2,5 cm breit, 80 cm lang
- Kordel in Schwarz-Orange mit Verzierungen, ø 2 mm, 80 cm lang

VORLAGENBOGEN 3A

1 Die Spitze der Schultüte gemäß Vorlagenbogen aus schwarzem Tonpapier ausschneiden und die Schultüte damit umkleben. Alle anderen Einzelteile auf den entsprechenden Fotokarton übertragen und ausschneiden.

2 Das Gesicht mit Filzstift in Schwarz, Lackmalstift in Weiß und Buntstift in Rot gestalten. Die Lederflicken auf den Fußbällen aufkleben, die Striche mit schwarzem Filzstift aufmalen. Auf das Pflaster vier schwarze Punkte malen und auf das Gesicht kleben. Nun das Haarteil und die zusammengeklebte Kappe ebenfalls am Kopf anbringen. Den Hals von hinten an das Oberteil, den Kragen und die Zahl von vorne ankleben. Die Hose mithilfe des weißen Saumes mit dem Hemd verbinden.

3 Die schwarzen Streifen auf die Socken kleben. Die Schuhzungen auf die Schuhe, die Stollen hinter die Schuhe kleben. Je einen Schuh auf ein Bein kleben. Diese von hinten an der Hose befestigen. Die Handschuhe auf die Arme kleben. Diese von hinten an das Hemd kleben. Einen Fußball dem Torwart in die Hand kleben, die übrigen Fußbälle auf der Schultüte verteilt anbringen. Den Fußballer auf der Schultüte fixieren.

4 Das orangefarbene Krepppapier an der Oberkante zackenförmig einschneiden und auf das Krepppapier in Schwarz kleben. Beide Papiere an der Schultüte anbringen und mit der Kordel und dem Band verschließen.

Prinzesschen Clara

→ von edlem Geblüt

MATERIAL

- Schultütenrohling in Weiß oder Beige, 70 cm hoch
- Tonpapier in Hellblau, A2
- Tonpapier in Hellgrün, A3
- Fotokarton in Rosa mit Glitzer, A4
- Fotokartonreste in Weiß, Hellgrün, Lila, Gelb, Hautfarbe und Gold mit Glitzer
- Regenbogentransparentpapier, A4
- Motivlocher: Blume, ø 2,5 cm
- Motivlocher: Kreis, ø 1 cm
- Tüll in Weiß, 1 Stück à 60 cm x 24 cm (Verschluss) und 2 Stücke à 11 cm x 6 cm (Rock)
- Krepppapier in Pink, 60 cm x 35 cm
- Schleifenband in Hellgrün mit Blumen und Schmetterlingen, 2 cm breit, 80 cm lang
- Kordel in Creme, 1 cm breit, 80 cm lang

VORLAGENBOGEN
2A + 4B

1 Das hellblaue und hellgrüne Tonpapier gemäß Vorlage zuschneiden und um die Schultüte kleben. Einen 5 mm breiten goldenen Streifen auf den Übergang kleben.

2 Die Teile für die Prinzessin, die Schmetterlinge und die Kronen auf den entsprechenden Fotokarton übertragen und ausschneiden. Die Gesichter von Prinzessin und Schmetterlingen mit schwarzem Filzstift aufmalen. In die Augen mit Lackmalstift in Weiß kleine Lichtpunkte setzen. Die Wangen mit Buntstiftspänen röten. Die Kronen von hinten an die Köpfe kleben.

3 Den Schmetterlingsköpfen die Körper und die Flügel von hinten ankleben. Die weißen Streifen auf die Körper kleben.

4 Der Prinzessin das Haarteil auf den Kopf kleben. Darauf die zusammengesetzte Blume kleben. Die Streifen auf das Oberteil und die Socken kleben. Den Kragen sowie den Gürtel von vorne auf das Oberteil kleben. Die Hände von hinten an die Arme kleben. Den weißen Rocksaum von hinten an den Rock kleben. Diesen wiederum von hinten an den Gürtel kleben und so das Oberteil mit dem Unterteil verbinden. Die Schleifen in Lila auf die rosafarbenen Schuhe mit Glitzer kleben. Die Schuhe auf die Beine kleben. Diese am Rockteil anbringen. Die Tüllstücke auf beiden Seiten hinter dem Rock befestigen.

5 Die Blumen in Lila mit den grünen Blättern verbinden. Mit weißem Lackmalstift zusätzlich Spiralen aufmalen. Eine Blume als Band ins Haar, drei Blumen auf den Rock der Prinzessin kleben. In eine Hand einen Schmetterling kleben.

WEITERFÜHRUNG

Prinzesschen Clara

6 Sieben Blumen aus Regenbogentransparentpapier und sieben Blütenmitten aus Fotokarton in Rosa mit Glitzer ausstanzen. Die Blumen zusammenkleben und auf die grüne Spitze der Schultüte verteilen und fixieren. Am oberen Rand der Schultüte die Kronen anbringen. Die Prinzessin und die Schmetterlinge gemäß Abbildung auf die Schultüte kleben.

7 Den Rand des pinkfarbenen Krepppapiers einseitig bogenförmig zuschneiden. Mit dem weißen Tüll am unteren Rand zusammenkleben und in die Schultüte kleben. Mit dem Schleifenband und der Kordel zusammenbinden.

Tipp: Dekorieren Sie statt der Blumen weitere Schmetterlinge und Kronen auf der Schultüte.

DIESES BUCH ENTHÄLT 4 VORLAGENBOGEN

Hilfestellung zu allen Fragen, die Materialien und Bastelbücher betreffen: Frau Erika Noll berät Sie.
Rufen Sie an: 05052/911858*

*normale Telefongebühren

IMPRESSUM

FOTOS: frechverlag GmbH, 70499 Stuttgart; Fotostudio Ullrich & Co., Renningen
DRUCK: frechdruck GmbH, 70499 Stuttgart

Auflage:	5.	4.	3.	2.	1.	
Jahr:	2012	2011	2010	2009	2008	[Letzte Zahlen maßgebend]

ISBN 978-3-7724-3668-0
Best.-Nr. 3668